Projektgruppe der Hochschule für Angewandte
Wissenschaften Hamburg
unter der Leitung von Prof. Bernd Mölck-Tassel

KRICKEL-KRAKEL BUCH

Bilder zum Weitermalen

Verlag Friedrich Oetinger · Hamburg

Was schlüpft aus diesen Eiern?

Zeichne der Raupe ganz viele Beine.

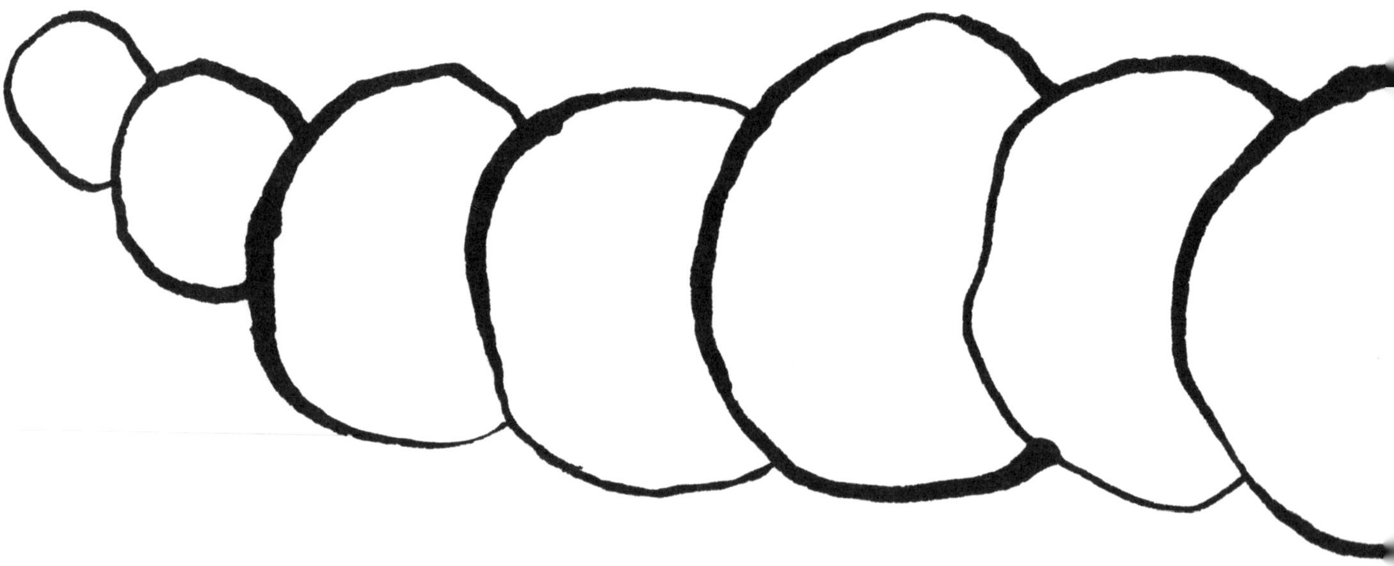

Was haben die Räuber hier versteckt?

Zeichne den Stau.

Was ist in dem Loch?

Male Leos Schneemann.

Es ist Winter. Male die Schneeflocken.

Es ist Sommer. Male dem Baum Blätter und Früchte.

Was hat das Krokodil gefressen?

Male der Schlange ein schönes Muster.

Wie kommt das kleine Tier
zu seinen Eltern?

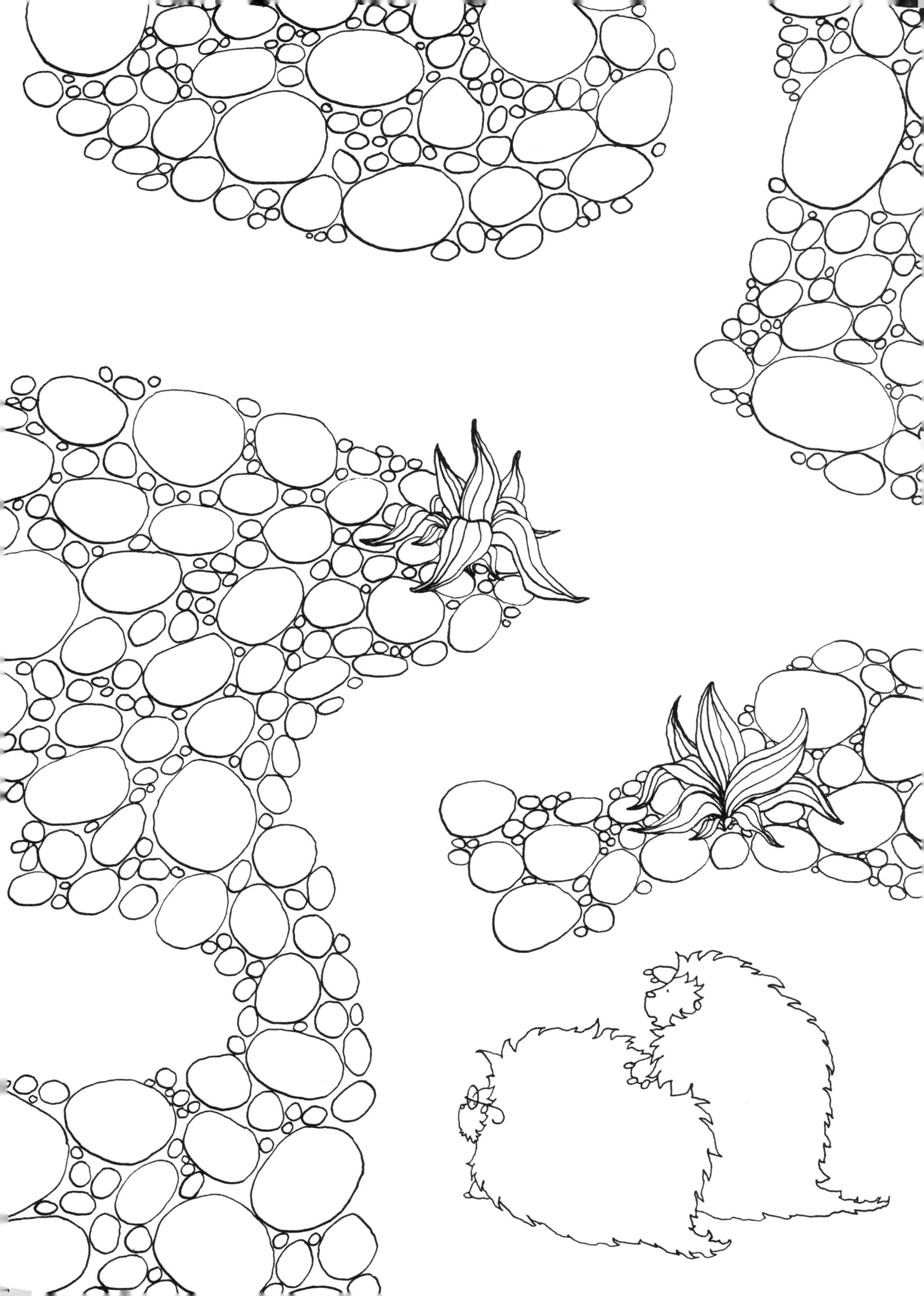

Was passiert hier?

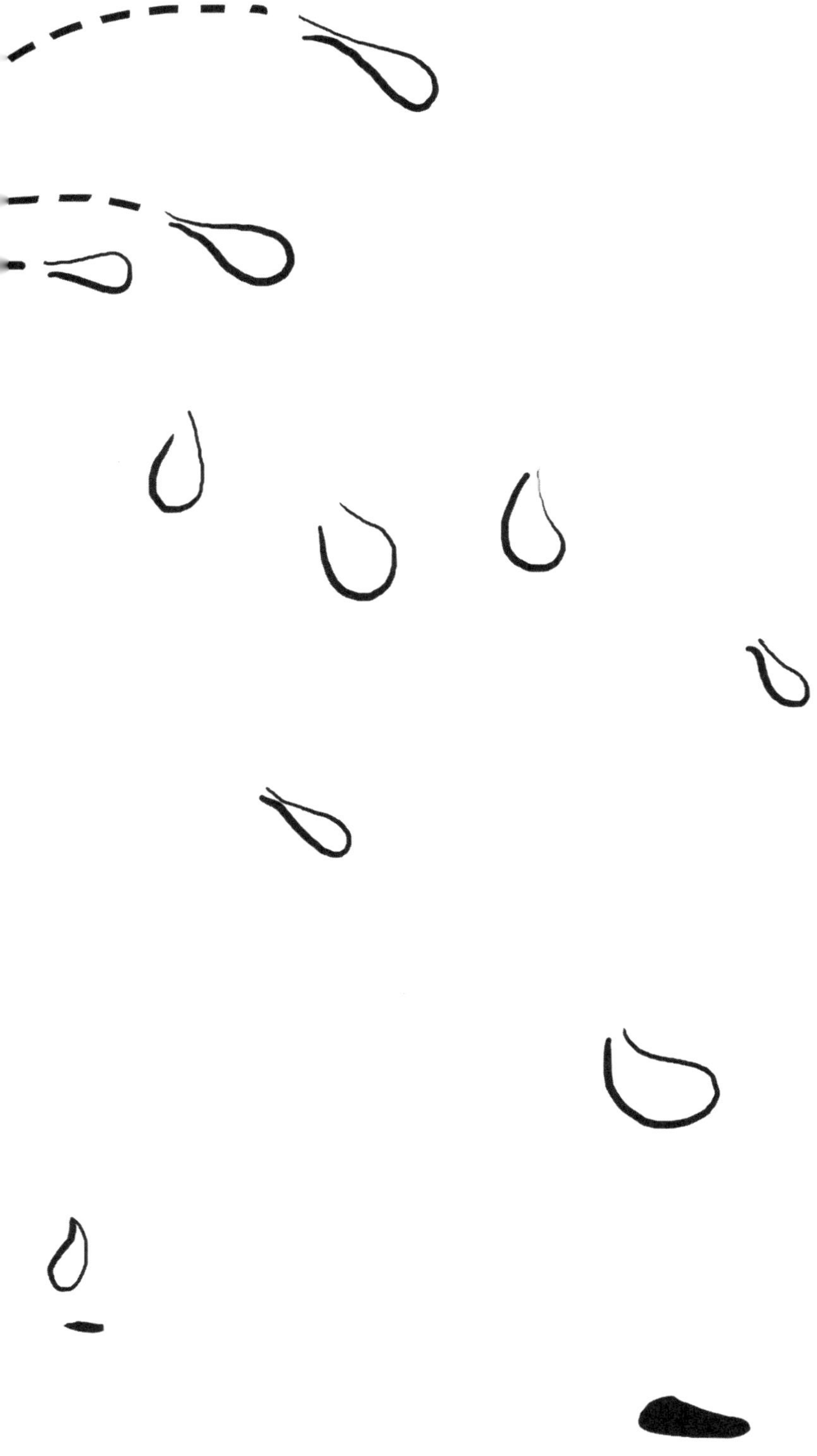

Wovor hat die Katze Angst?

Hilf dem Polizist, den Dieb zu fangen.

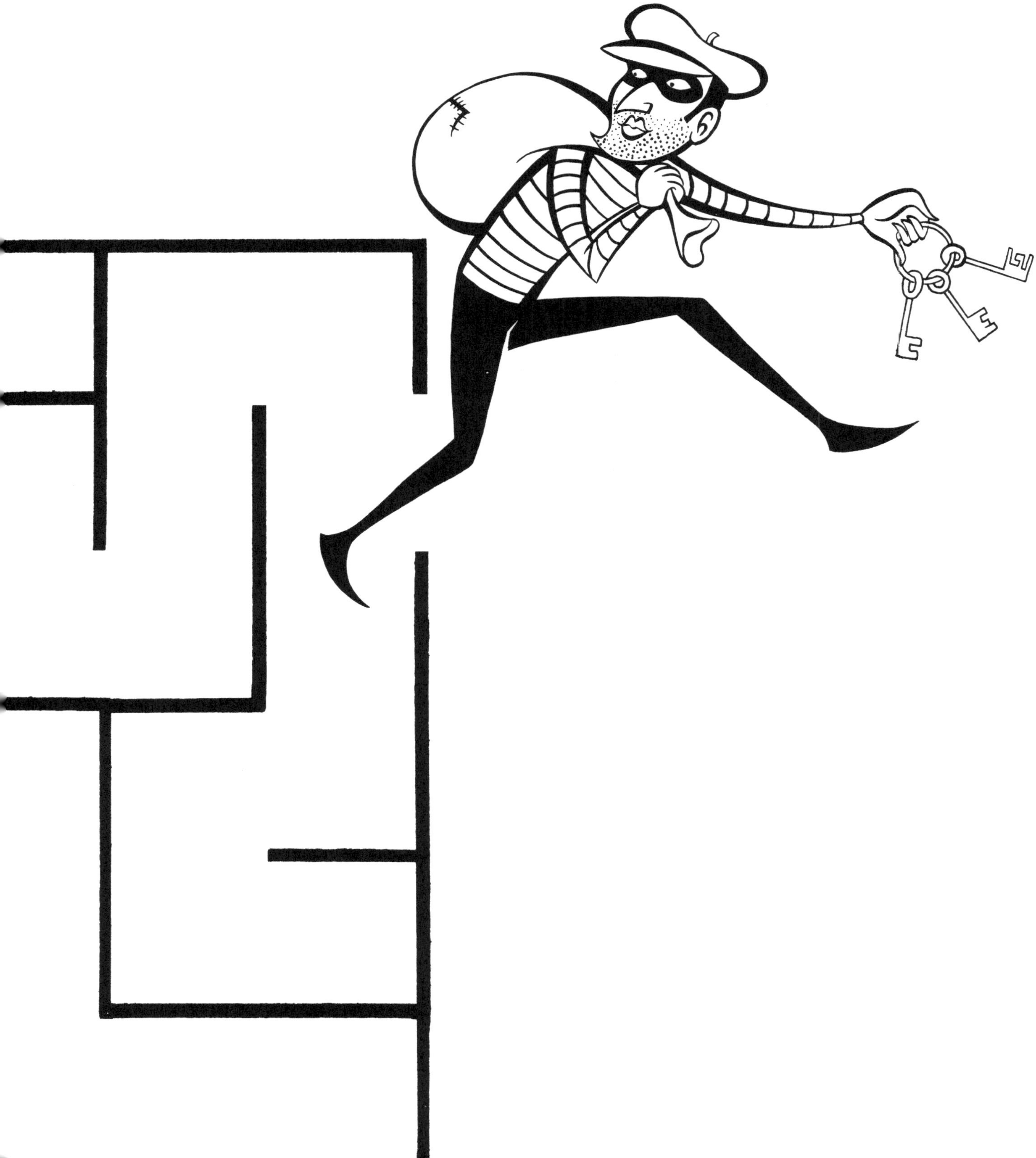

Wie sieht das Zuhause der Maulwürfe aus?

Was isst der Gorilla?

Was isst der Sumo-Ringer?

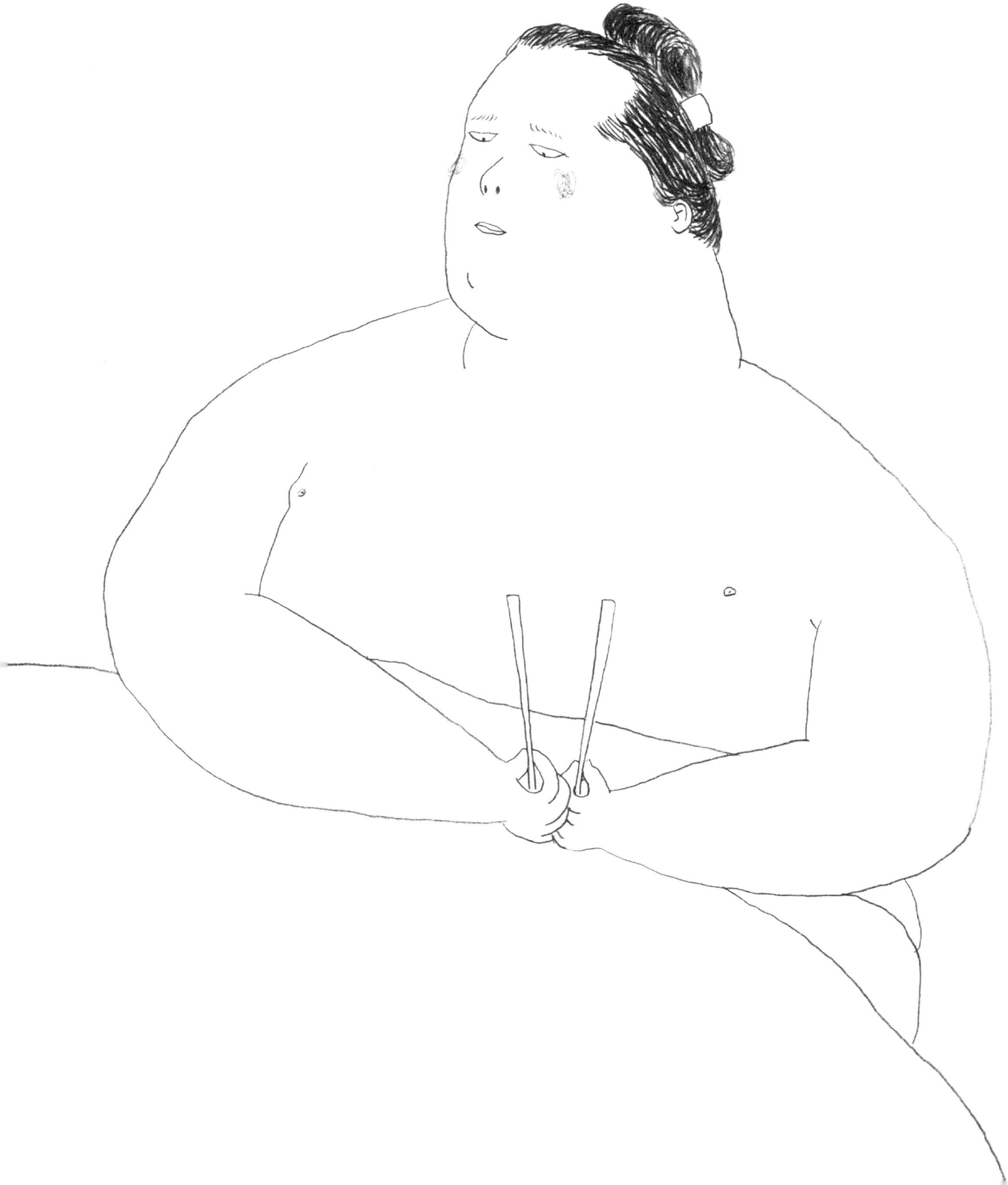

Was isst das haarige Monster?

Was haben Nele und Franz entdeckt?

Was schauen die Vögel an?

Zeichne die Schneckenhäuser und noch viel mehr Schnecken.

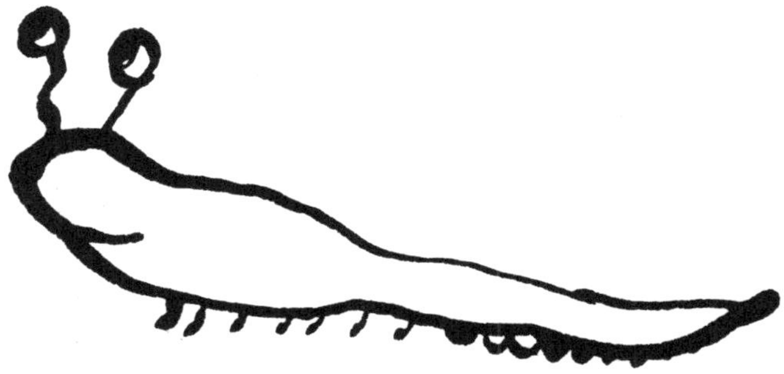

Was zaubert die Fee?

HUND

Hilf dem Feuerwehrmann mit viel Wasser beim Löschen.

Male Käpten Schwarzbarts Piraten zu Ende.

Male einen bunten Drachen.

Zeichne noch mehr Hubschrauber und Flugzeuge.

Was hat der Vogel gefressen?

Wen küsst Peter?

Wer lebt noch alles in dieser Wiese?

Male weitere Fahrzeuge auf der Baustelle.

Findest du alle Kinder im Zoo?

Was riecht das Krokodil?

Wer tanzt hier zur Musik?

Hilf dem kleinen Hund nach draußen.

Male den Jungen tolle Frisuren.

Male dein Traumauto.

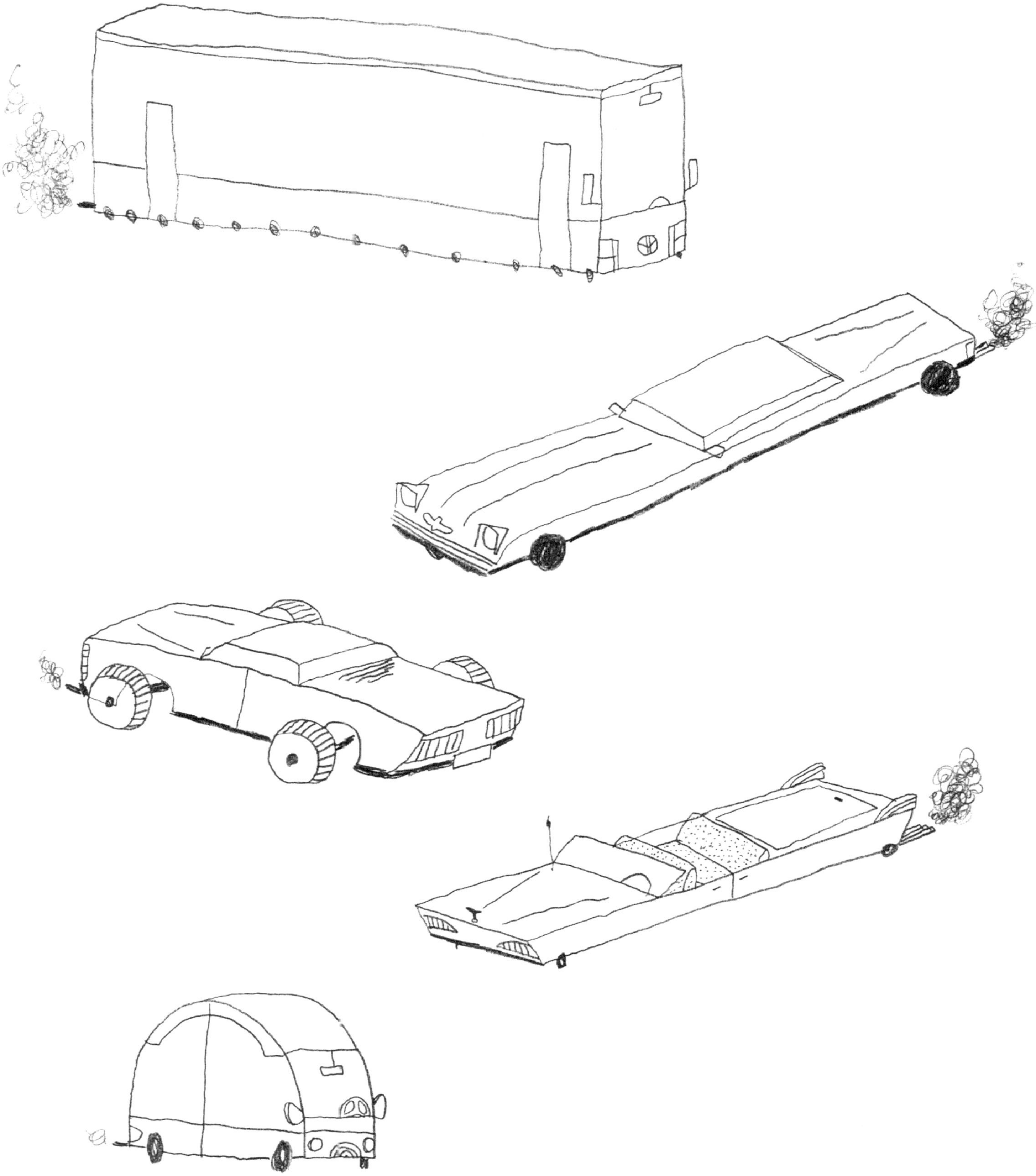

Was ist in dieser Kiste?

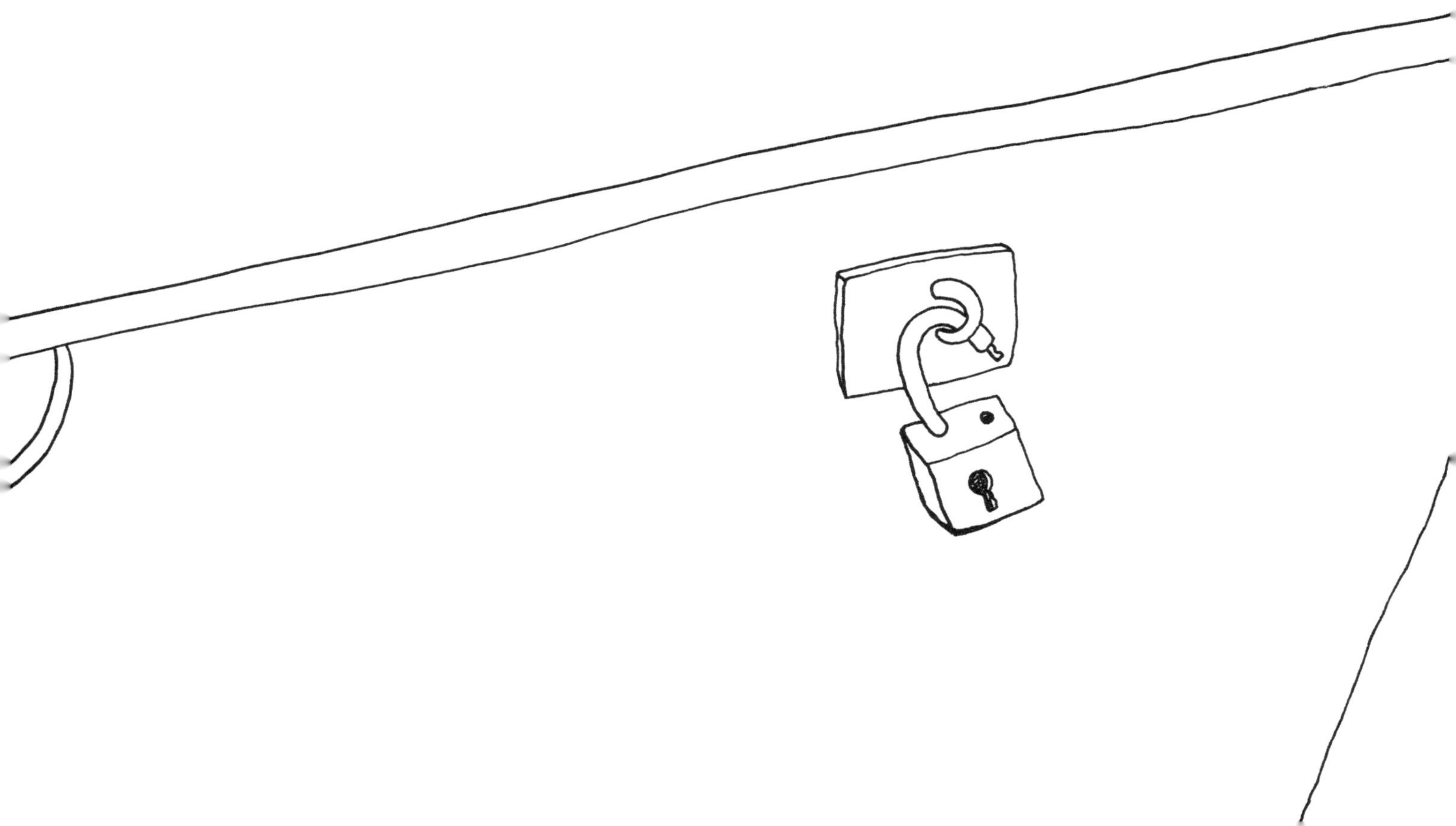

Was haben die beiden Freunde an der Angel?

In was springt Bert?

Male dem Zebra Streifen.

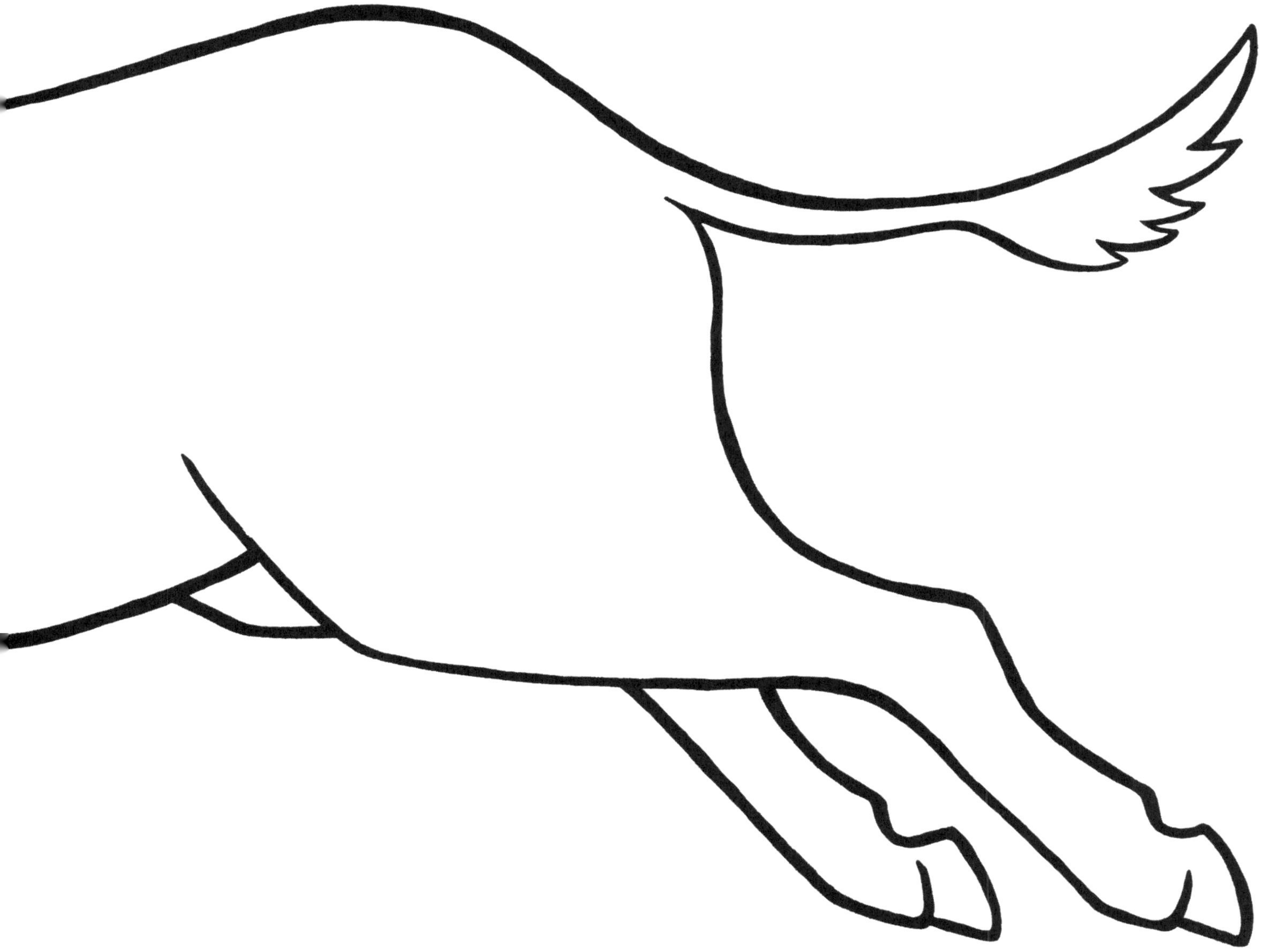

Male Tiere aus den Kreisen.

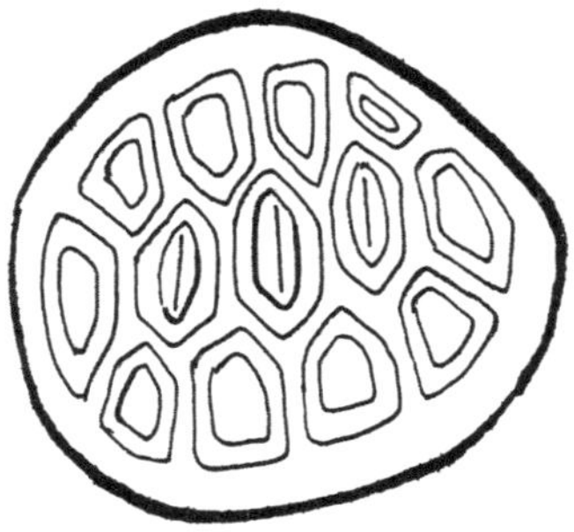

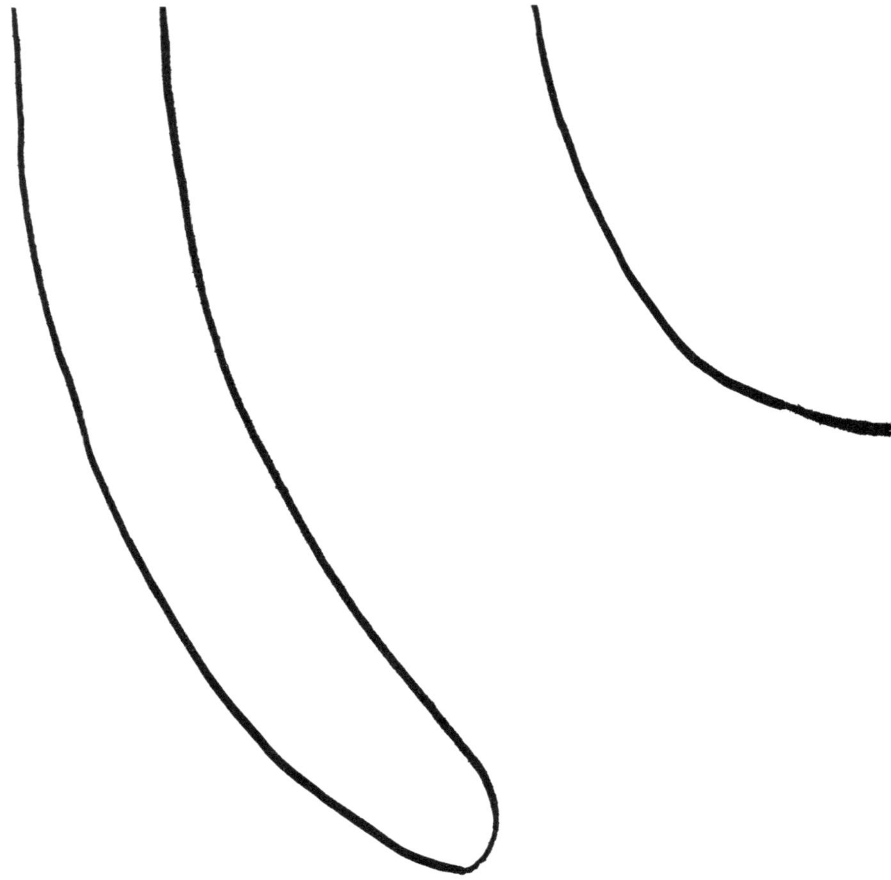

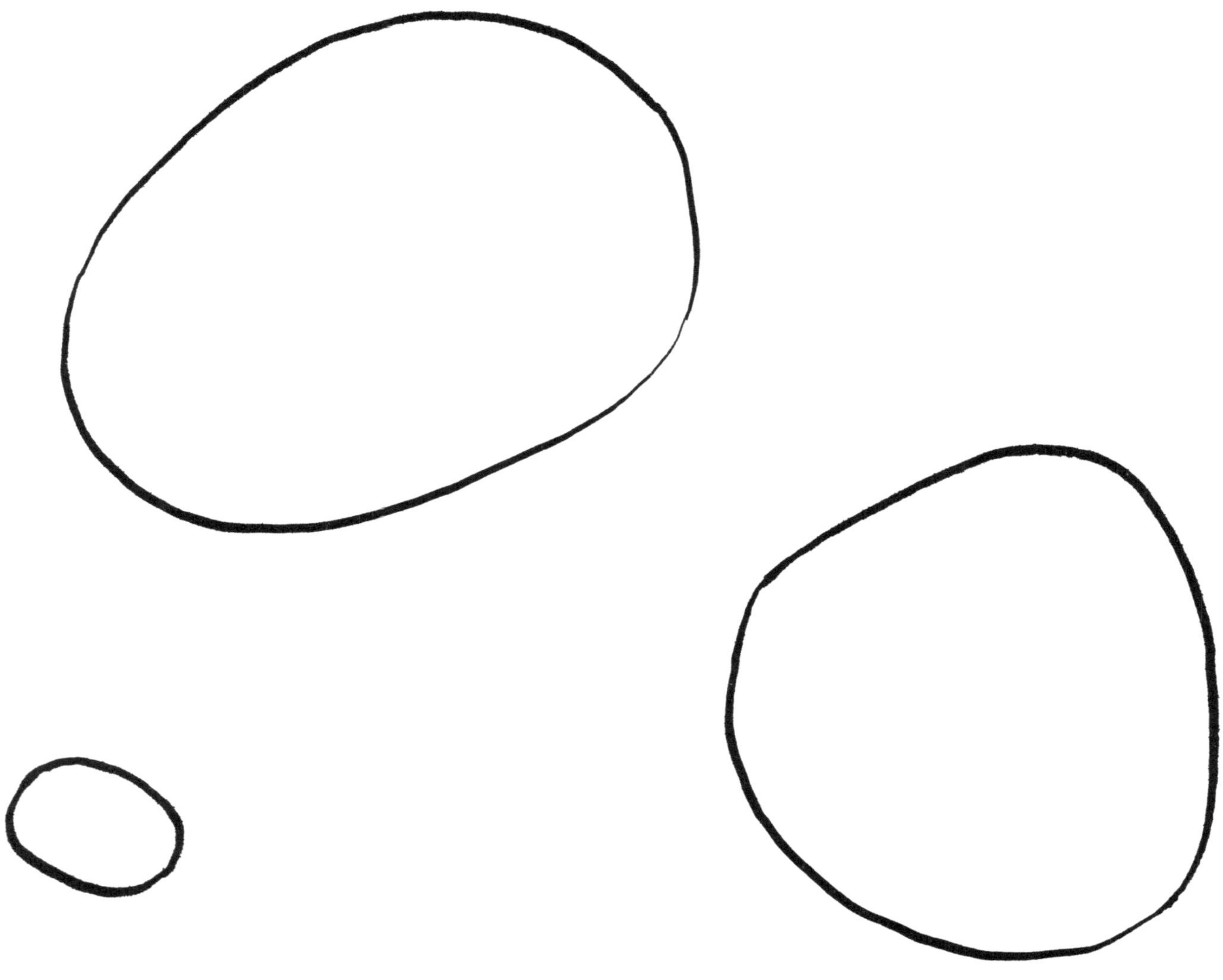

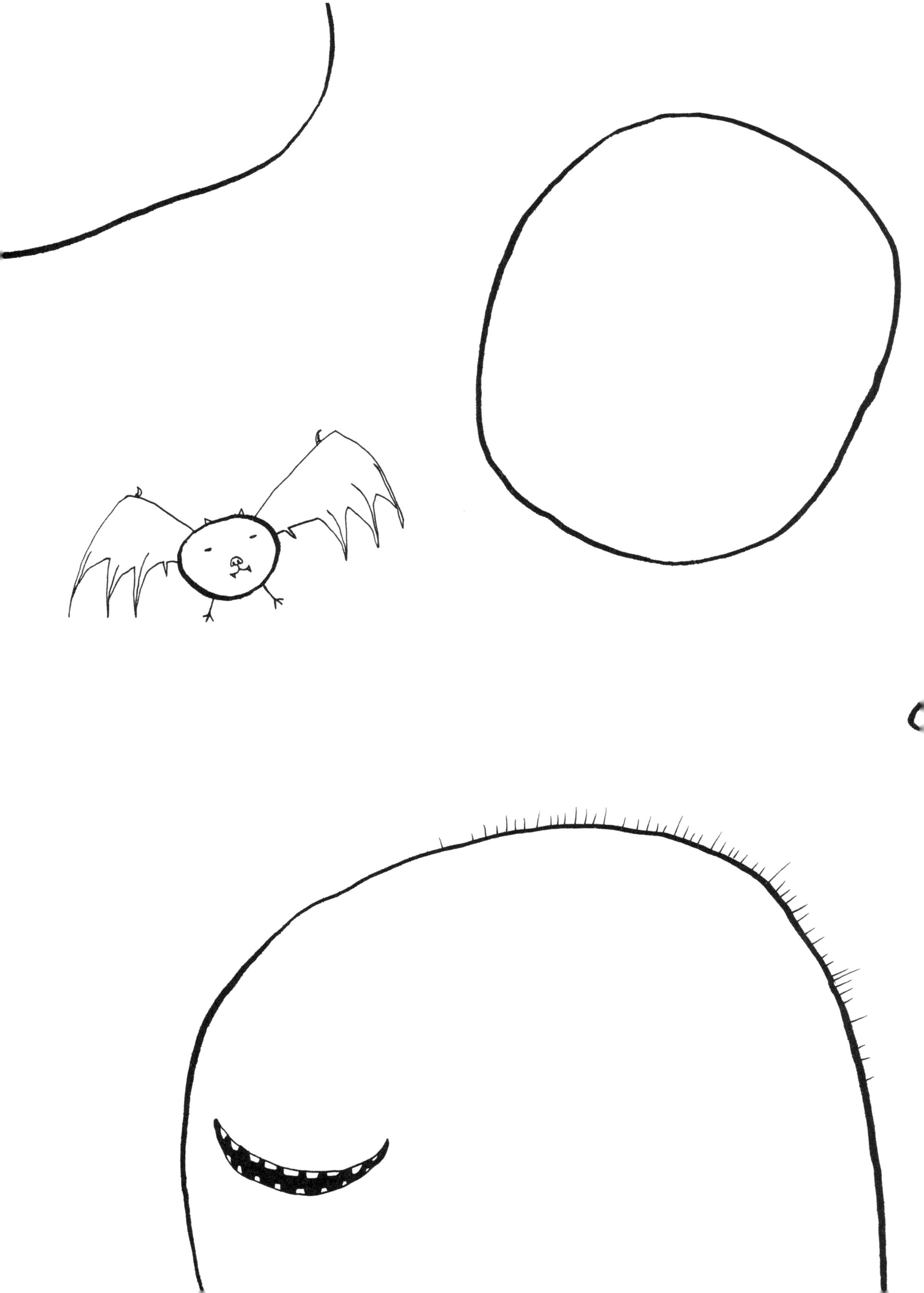

Wem sagt der Astronaut Guten Tag?

Male die Häuser, die hier gebaut werden.

Male der Kuh Flecken.

Ist hier Tag oder Nacht?

Was malen Nele und Franz?

Zeichne die Köpfe der Menschen.

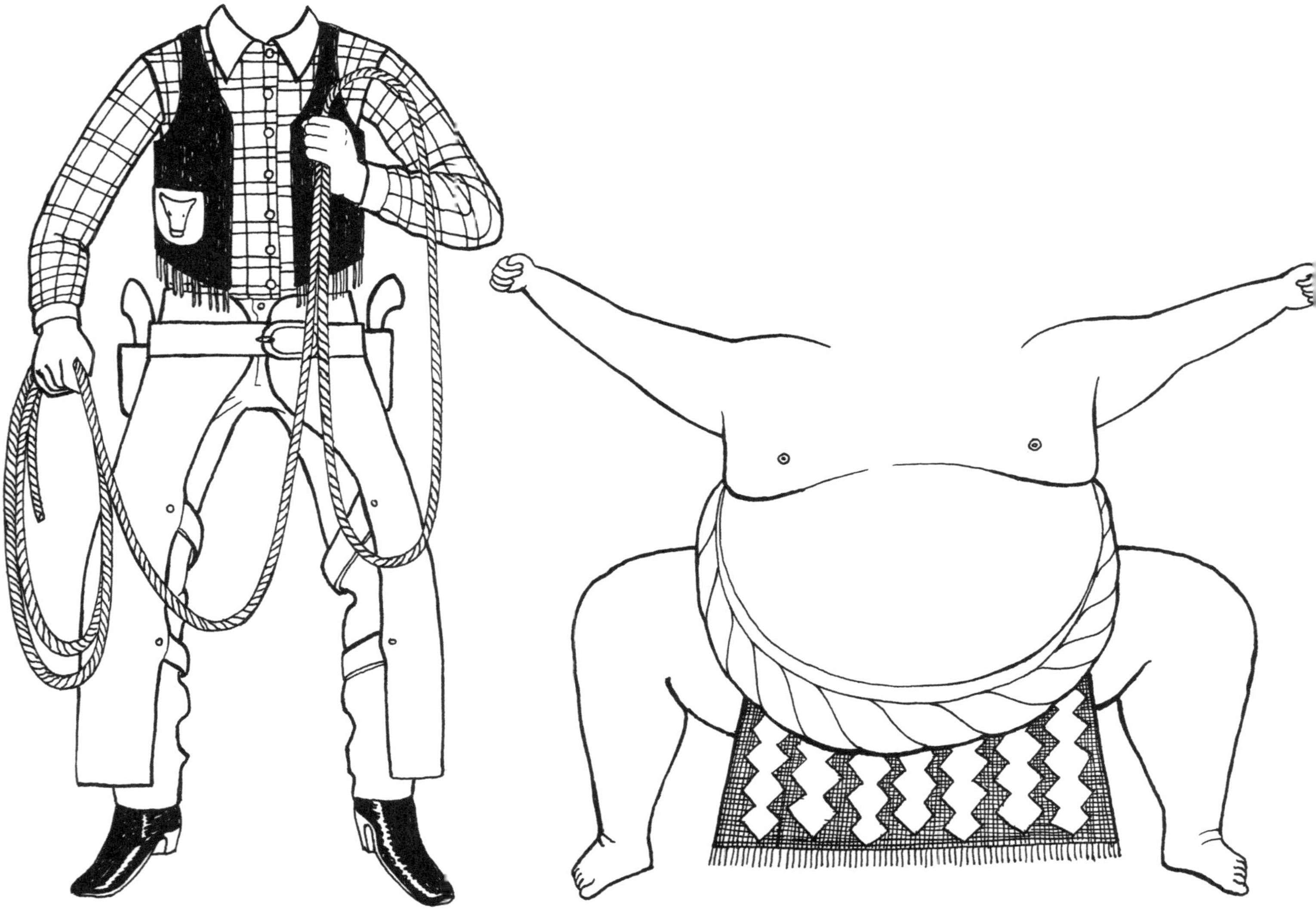

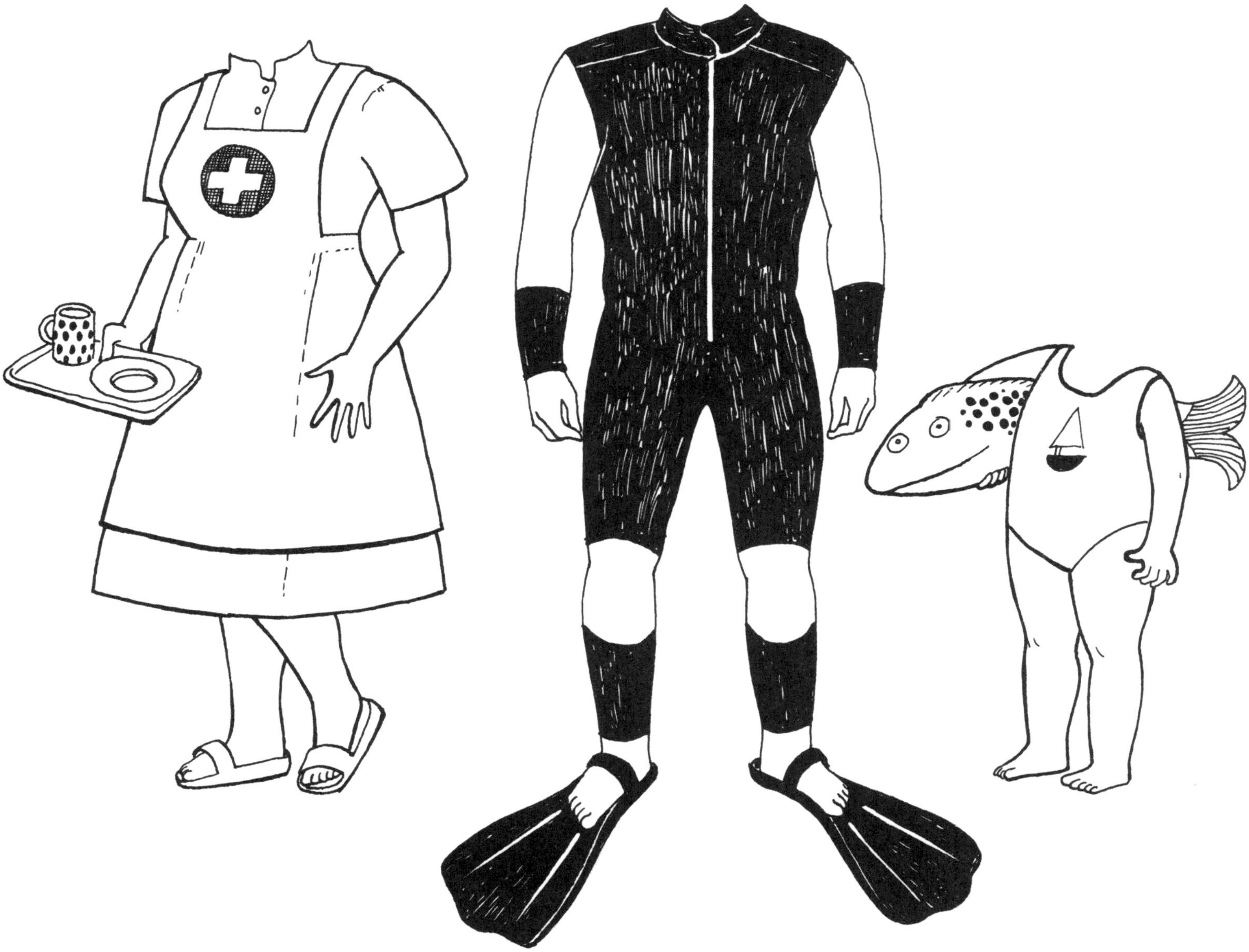

Wovor rennt der tapfere Ritter weg?

Was läuft heute im Kino?

Male die Besucher des Popkonzerts.

Von was träumen der König und sein Pferd?

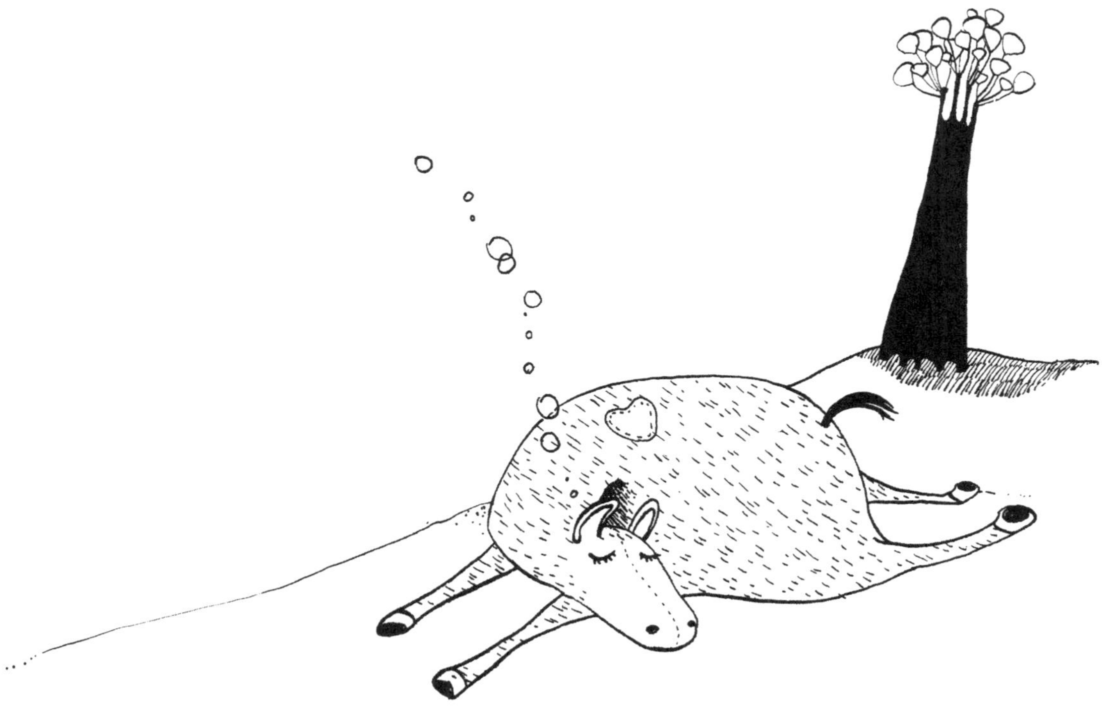

Male die anderen Tiere im Zoo.

Male dem Tiger Streifen.

Zeichne den Wald weiter.

Zeichne ein versunkenes Schiff.

Wer schwimmt hier noch?

Wie sieht das Tierkind dazu aus?

Was gibt's im Wolkenkino zu sehen?

3

Wie viele Mäuse findest du?

Was hat der Gärtner gepflanzt?

Male deine Familie und Freunde.

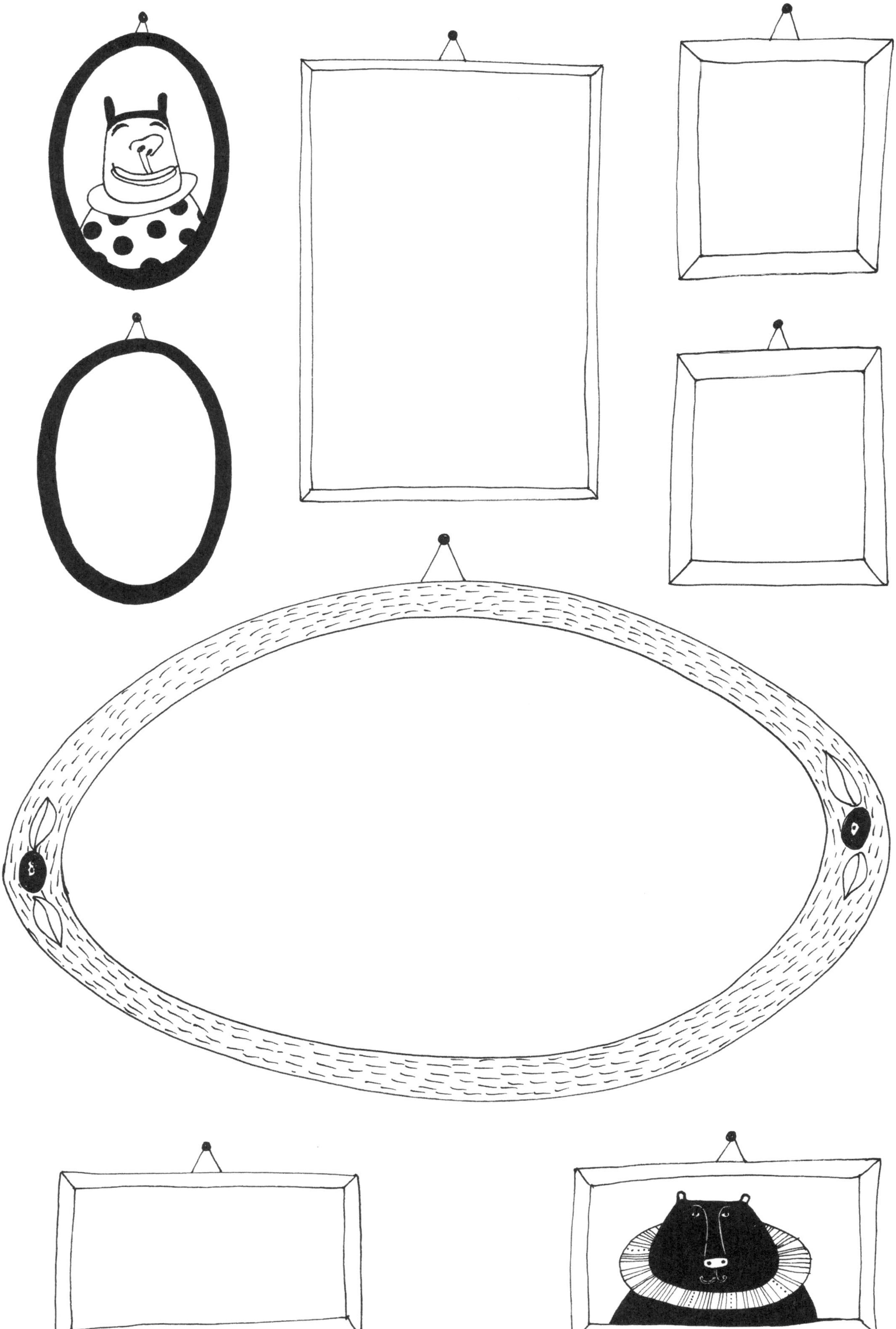

Was ist hier los?

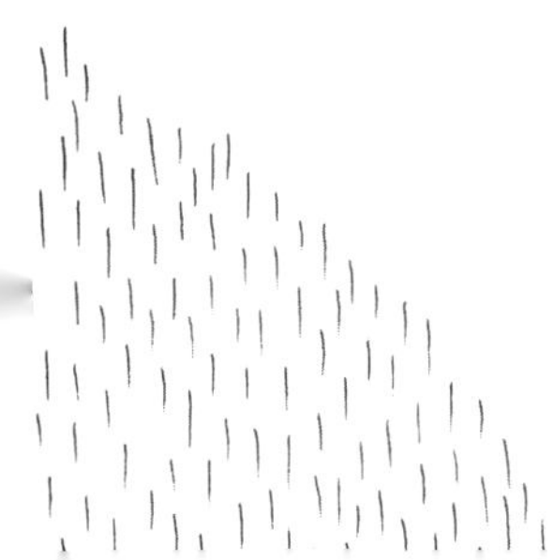

Wer kommt noch zur Monster-Party?

Zeichne den Gespenstern lustige Gruselgesichter.

Male die Fußspuren weiter.

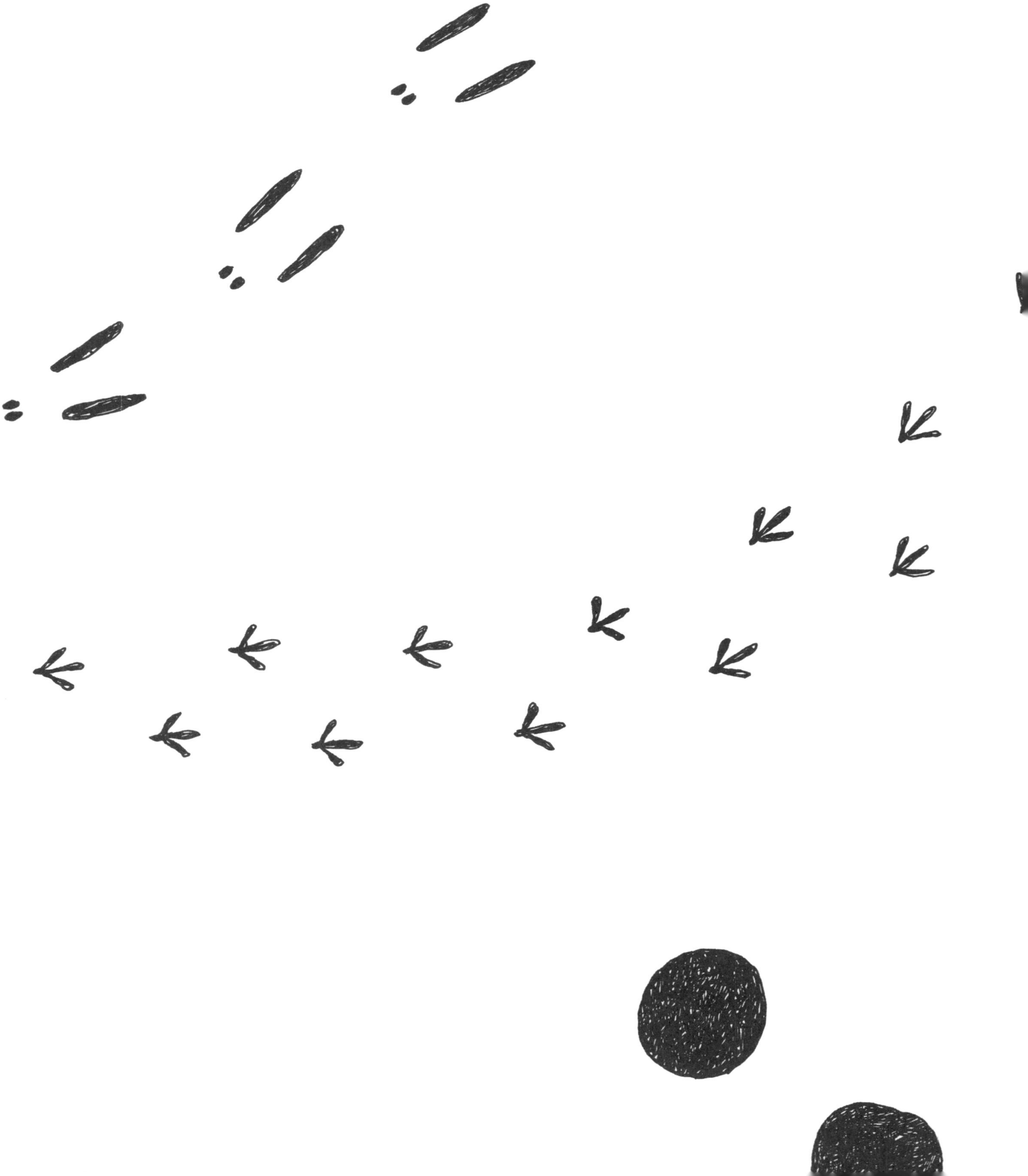

Male den Planeten, den Paul entdeckt hat.

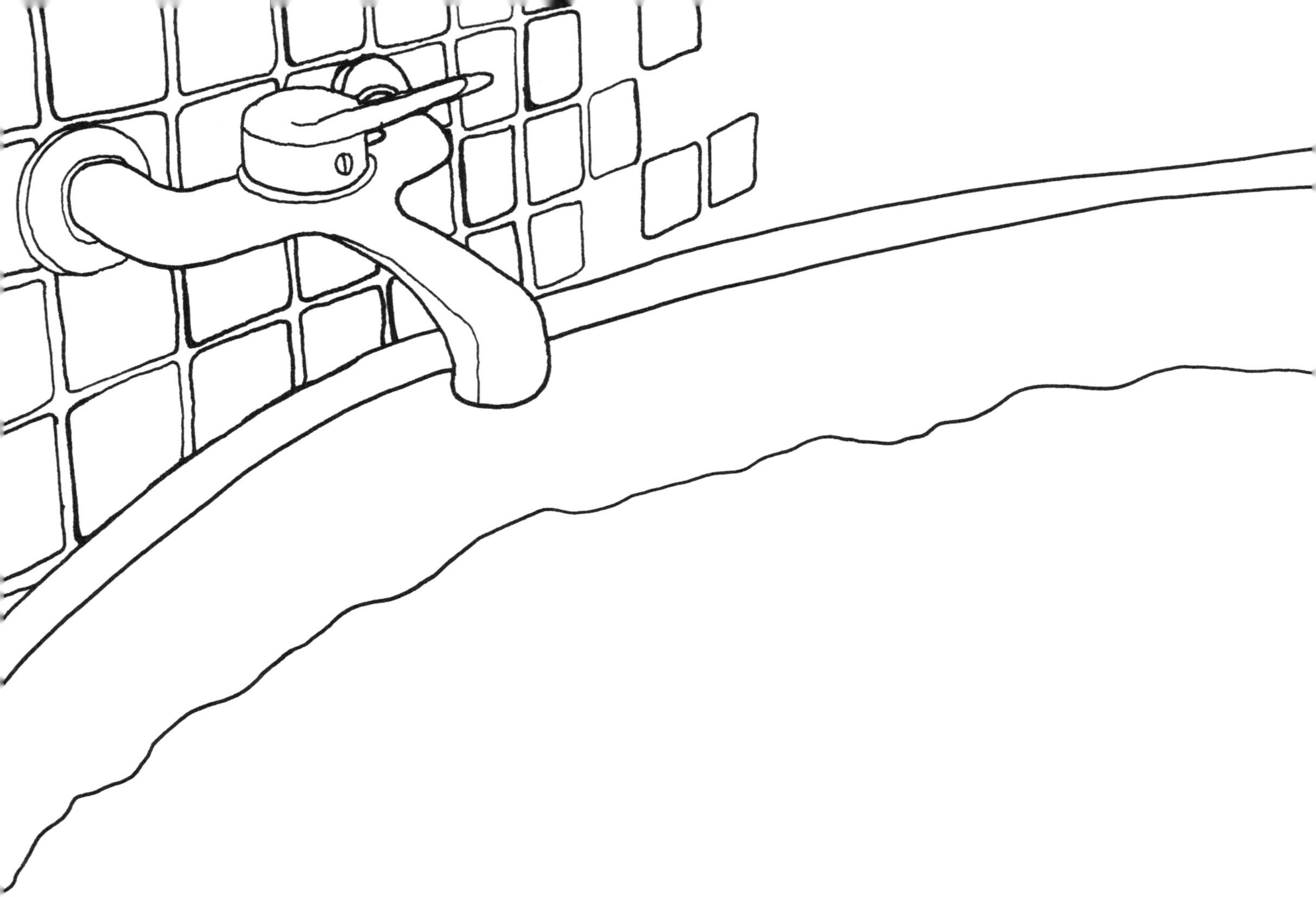

Was badet mit?

Wer fliegt hier noch?

Male die anderen Fische.

Zeichne den Monstern Körper.

Wie kommt der Geist zu seinen Freunden?

Füttere den Bären.

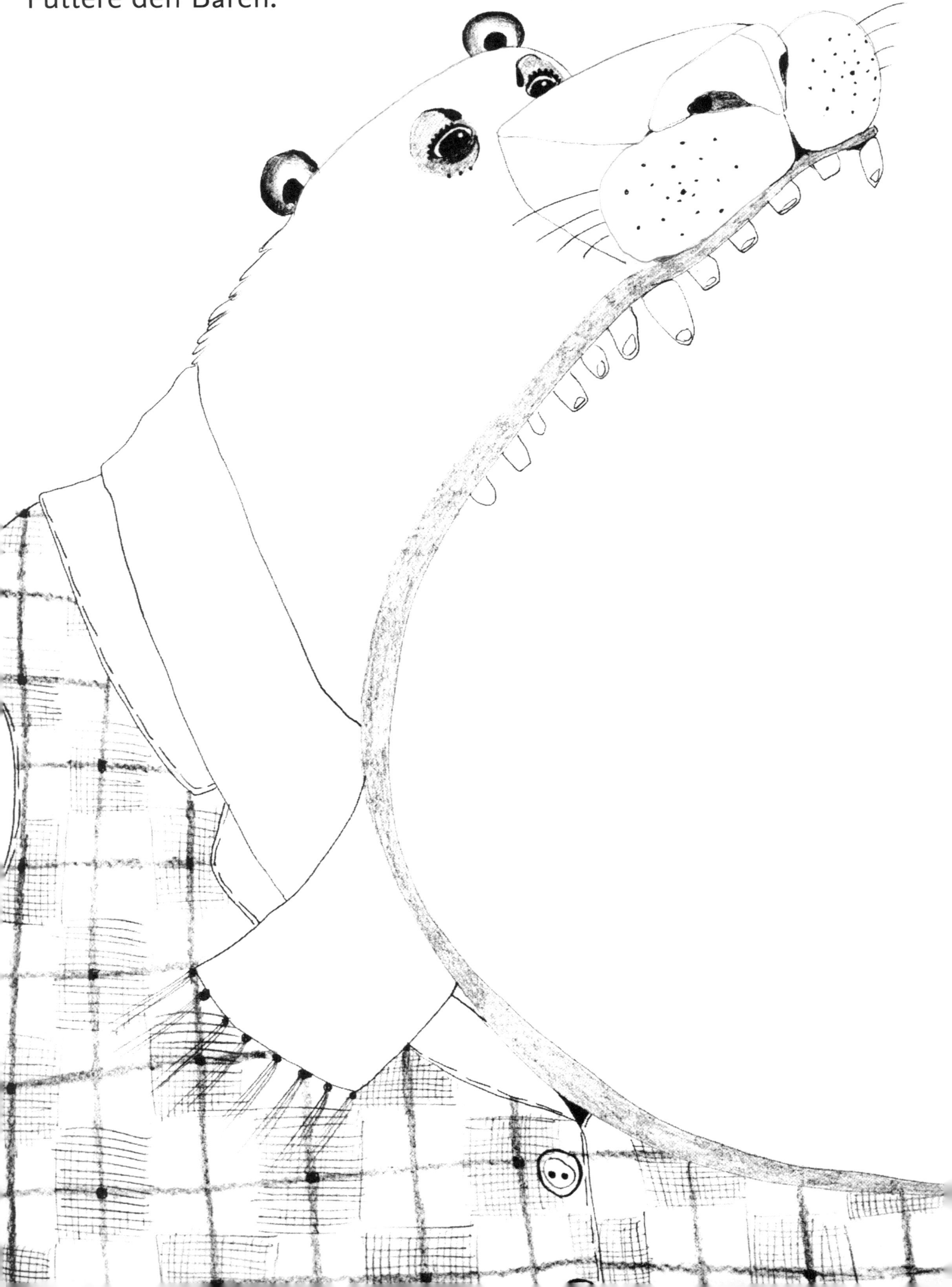

Wovor fliehen die Menschen?

Male die Tiere, mit denen Nele und Franz Gassi gehen.

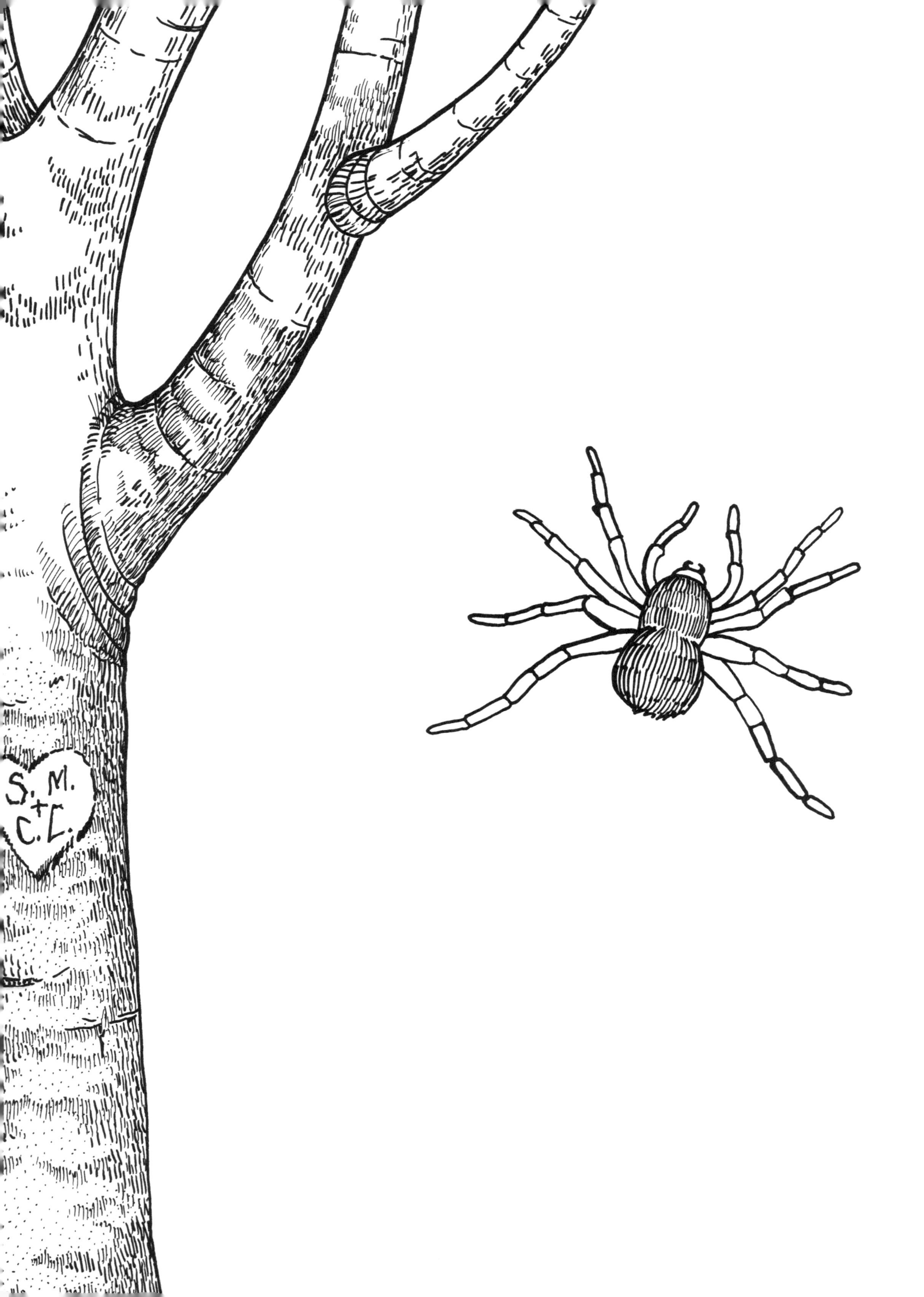
S. M.
+
C. L.

Zeichne der Spinne ein Netz.

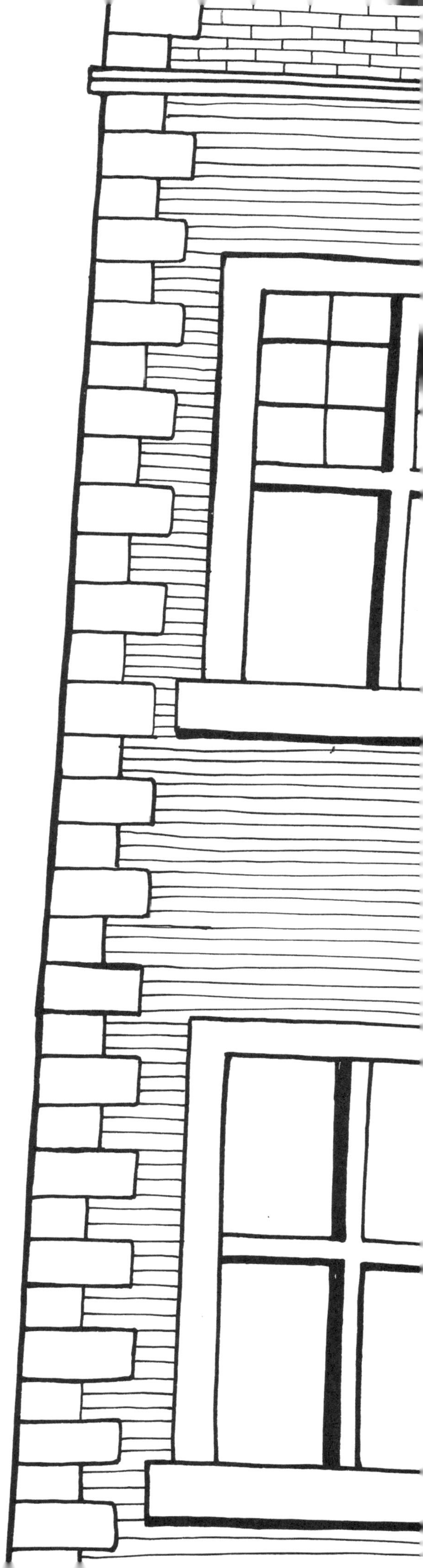

Male die größte Torte der Welt.

Das Krickel-Krakel-Buch hat eine Projektgruppe der Hochschule für Angewandte Wissenschaften Hamburg entwickelt. Unter der Leitung von Herrn Prof. Bernd Mölck-Tassel waren die folgenden Studentinnen und Studenten beteiligt:

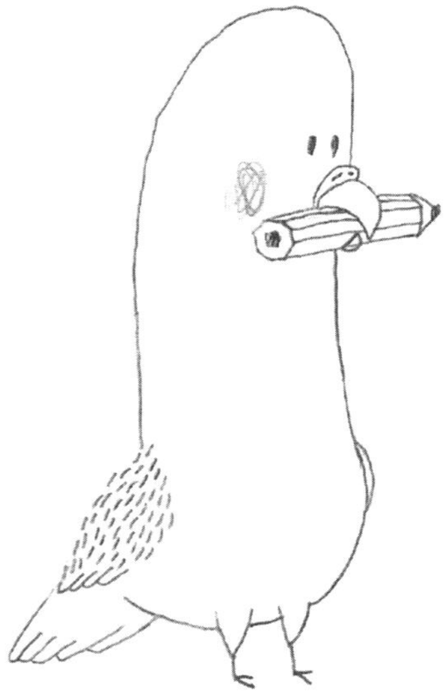

Lotte Bräuning

Judith Ganter

Nicole Iwanov

Maria Leinweber

Claire Lenkova

Eleanor Marston

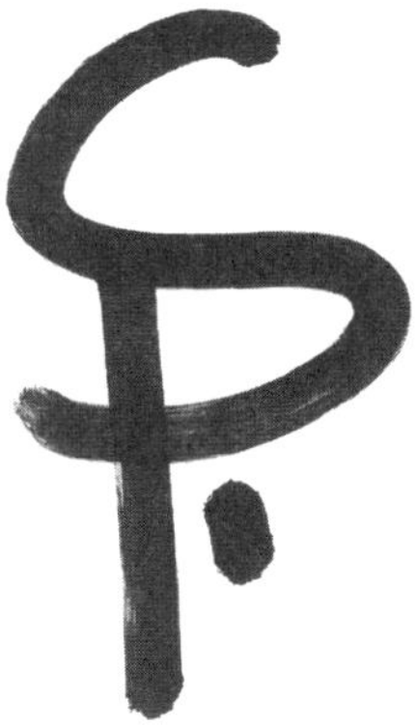

Stefan Pertschi

Lena Pflüger

Ann Cathrin Raab

Jasmin Schäfer

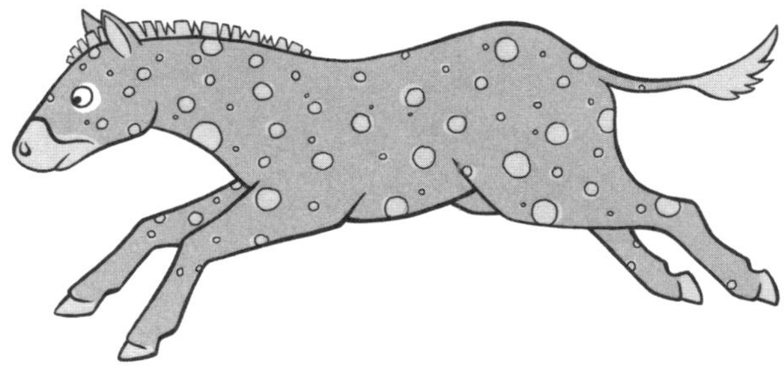

Trixi Schneefuss

Katharina Sieg

Simon Schwartz

Tobias Wieland

Eine Hochschule ist ein Ort, an dem ernsthaft gelehrt und geforscht wird, so sollte man meinen. Wenn Illustratorinnen und Illustratoren forschen, kann als Ergebnis aber schon mal »Krickelkrakel« herauskommen. Im September 2005 bat mich Prof. Schulz-Schaeffer, an dem von ihm konzipierten Forschungsprojekt zum Thema »Nachhaltige ästhetische Kommunikation« teilzunehmen. Es war das erste Mal, dass unser Studiengang Illustration und Kommunikationsdesign einen Forschungsantrag stellte. Für die Hochschule für Angewandte Wissenschaften Hamburg war unser Anliegen somit ein Novum. Ich möchte mich an dieser Stelle ausdrücklich bei Professor Christoph Maas, unserer Dekanin Frau Professorin Dorothea Wenzel und Ralf Behrens für ihre Unterstützung bedanken.

Während einer Jahresausstellung im Department Design, auf der wir traditionell die künstlerischen Arbeiten unserer Studierenden präsentieren, kam es zu einer ersten Begegnung mit Frau Sarah Haag vom Verlag Friedrich Oetinger. Als sie mir ein gemeinsames Malbuch-Projekt vorschlug, stellte ich rasch fest, dass der gedankliche Ansatz in die gleiche Richtung wie unser Forschungsprojekt zielte: »Können wir ein Malbuch gestalten, dass die Kinder zum Weiterdenken und Weitermalen anregt?«

Als Kind habe ich Malbücher geliebt. Natürlich war es anstrengend, aber auch anspornend, nicht über den Strich zu malen. In den Gesprächen mit den teilnehmenden Studierenden ging es immer wieder darum, sich vorzustellen, wie man selbst als Kind auf unsere Illustrationen im »Krickel-Krakel-Buch« reagiert hätte. Auf Illustrationen, bei denen es nicht mehr nur ums Ausmalen, sondern ums Fortsetzen einer Bildidee geht. Man sollte die Kraft des Einfachen nicht unterschätzen. Scheinbar simpelste Zeichnungen können sehr viel beim Betrachter auslösen.

Unser Ziel war es dabei, ein Malbuch zu entwickeln, dass die sprachliche und mentale Entwicklung des Kindes fördert. Indem es den Kindern einen starken gestalterischen Impuls gibt, Bilder logisch und kreativ weiterzuentwickeln. Bilder, die den Kindern vielseitige Illustrationsstile vorstellen und somit einen nachhaltigen Beitrag zu ihrer ästhetischen Erziehung leisten können. Bilder, die auch thematisch für jedes Kind etwas bieten, egal ob es Piraten, Feen, Tiere oder Technik liebt.

»Punkt, Punkt, Komma, Strich und fertig ist das Mondgesicht.«

Es erstaunt mich stets aufs Neue, dass unser Gehirn die enorme Abstraktionsleistung vollbringt, einen Bezug zwischen einer linearen Zeichnung und der Wirklichkeit, wie wir sie visuell wahrnehmen, herzustellen. In den einfachsten Kombinationen von Punkten, geraden und krummen Linien erkennen und entdecken wir die Welt.

Es liegt im Wesen eines Malbuches, dass die Zeichnungen linear sind. Ein Ziel unseres Projektes war es, den individuellen Strich, die eigene Linie der mitwirkenden Studierenden zu erhalten.

Ich möchte mich ganz herzlich bei den beteiligten Studentinnen und Studenten für ihre Mitarbeit bedanken. Sarah Haag danke ich für die angenehme Zusammenarbeit, ihre Anregungen und die Zeit, die sie aktiv mit uns in der Hochschule verbracht hat.

Bernd Mölck-Tassel